ION G. PELIVAN

LA BESSARABIE

SOUS LE RÉGIME RUSSE

(1812-1918)

PARIS
IMPRIMERIE GÉNÉRALE LAHURE
9, RUE DE FLEURUS, 9

1919

ION G. PELIVAN

LA BESSARABIE

SOUS LE RÉGIME RUSSE

1812-1918

PREMIÈRE PARTIE

PARIS

IMPRIMERIE GÉNÉRALE LAHURE

9, RUE DE FLEURUS, 9

1919

ION G. PELIVAN

LA BESSARABIE

SOUS LE RÉGIME RUSSE

(1812-1918)

PREMIÈRE PARTIE

PARIS

IMPRIMERIE GÉNÉRALE LAHURE

9, RUE DE FLEURUS, 9

1919

PRÉFACE

Les circonstances malheureuses de l'Histoire ont fait
que la Bessarabie, arrachée à la Moldavie en 1812, eut à
souffrir pendant plus d'un siècle du régime autocratique
russe. D'après sa situation géographique, cette province
constituait la limite extrême Sud-Ouest de l'empire russe
ayant pour voisins l'Autriche au Nord et la Roumanie
mère-patrie à l'Ouest.

Cela étant, malgré le mur chinois que la Russie avait
fait du Pruth qui constituait la frontière vers la Roumanie,
la Bessarabie était tout naturellement exposée aux cou-
rants politiques, sociaux et nationaux nouveaux de l'Europe. Il est évident que le gouvernement tzariste se
rendait parfaitement compte de cette situation, étant surtout inquiété par le courant nationaliste et irrédentiste de
la Roumanie.

C'est là qu'il faut chercher la raison qui a décidé la
Russie de prendre des mesures exceptionnelles pour
mettre la Bessarabie à l'abri des justes prétentions de la
Roumanie. Et parmi ces mesures la plus efficace parut
être celle consistant à étouffer le sentiment national roumain de la population bessarabienne, c'est-à-dire sa dénationalisation.

C'est pour atteindre ce but que le gouvernement russe

n'a reculé devant aucune mesures aussi odieuse ou criminelle fût-elle. C'est ainsi que l'école, l'église, la justice, l'administration, l'armée, etc., furent transformées en autant d'armes de russification. C'est dans ce but également que l'on a institué la colonisation des éléments étrangers en Bessarabie ainsi que l'expatriation du paysan roumain.

Mais, malgré tous ces efforts, le gouvernement russe n'a pas obtenu le résultat qu'il attendait. Ce n'est, en effet, qu'une partie des « boyards » moldaves qui a été russifiée; quant à la masse du peuple — les paysans — elle est restée presque ce qu'elle était au moment du rapt de la Bessarabie, la russification n'ayant pu avoir d'autre résultat que le regrès de la culture et le regrès économique de cette riche province de Bessarabie.

*
* *

Le matériel que nous avons utilisé dans cette brochure provient ou des documents officiels, ou des écrivains et des savants russes et étrangers.

Afin de ne pas être accusés de partialité nous avons évité exprès les publications des écrivains roumains.

S'il est vrai que les idées et les grands principes, ainsi que la liberté et l'indépendance, exigent beaucoup de sacrifices pour leur réalisation, nous sommes convaincus que la délivrance du peuple roumain de Bessarabie du joug russe est pleinement récompensée.

BIBLIOGRAPHIE

a) EN RUSSE :

Batiuscoff (P.), ancien curateur de l'enseignement en Pologne et grand russificateur de ce pays. Son œuvre historique : *La Bessarabie*, écrit sous les auspices du tzar Alexandre III, Pétersbourg, 1892.

Casso (L. A.), professeur à l'Université de Moscou et ancien ministre de l'Instruction publique :

a) *Le droit byzantin en Bessarabie*, Moscou, 1907.

b) *La Russie au Danube et l'organisation de la province de Bessarabie*, Moscou, 1913.

Crouchevan (P.), « *La Bessarabie* », *Almanach* 1903.

Goloubeff : *Pierre Movila, métropolite de Kiew et ses collaborateurs*, Kiew, 1883, tome Iᵉʳ.

Lachcoff (N. V.), historien et professeur :

a) *Le Lycée Iᵉʳ de Kichinev*, étude historique et statistique, Kichinev, 1908.

b) *La Bessarabie au centenaire de son annexion à la Russie*, 1842-1942 ; étude historique, statistique et géographique sur la Bessarabie, Kichinev, 1912.

c) *Le centenaire de la Bessarabie*, Kichinev, 1912.

Nacco (A.). *Etude sur l'organisation civile de la province de Bessarabie depuis* 1812-1828 ; Odessa, 1900.

Les ouvrages de la « **Commission archivale savante de Bessarabie** », Kichinev, tome Iᵉʳ, 1900 ; tome II, 1902, tome III, 1907.

Palauzoff (S. N.), professeur à l'Université d'Odessa : *Les principautés roumaines de Valachie et de Moldavie sous le rapport historique et politique* ; Pétersbourg, 1859.

Pergament (O. I.), avocat et ancien député à la Douma impériale : *De l'application des lois locales Donici et Armenopoulo*, Pétersbourg, 1905.

Le « **Règlement de l'organisation de la province de Bessarabie** », appelé *Asezàmànt* (loi fondamentale de l'autonomie de la Bessarabie) Kichinev, 29 avril 1818.

Scalcovsky (A.).

    a) *Histoire de la province novorosienne*, 1750-1825; p. 1, 1836, Odessa.

    b) *Histoire de la province novovorienne (la nouvelle Russie)*, 1796-1823; II, Odessa, 1838.

    c) *Les colonies bulgares de Bessarabie*, Odessa, 1848.

Stadnitzky (A.), ancien recteur de l'Académie spirituelle de Moscou et archevêque de Novgorod : *Gabriel Banulescu-Bodoni, exarque de Moldavie et Valachie (1808-1812) et métropolite du Kichinev (1813-1821)*, Kichinev, 1894.

Tchitchiagoff (Paul), amiral russe, ancien commandant en chef de l'armée russe du Danube en 1812 : *Mémoires*, édition C. Lahovary, Paris, 1909.

Zasciuk (A.), capitaine d'état-major russe : *Matériaux pour la géographie et la statistique de la Russie, recueillis par les officiers de l'état-major russe, la province de Bessarabie*; Pétersbourg, 1862, Ire et IIe parties.

Zozoulinof (M. C.), haut fonctionnaire russe : *Une brève esquisse historique sur la Bessarabie*, publiée dans l'almanach de la Gazette *Bessarabetz*, sous le titre *la Bessarabie*, Kichinev, 1905.

b) EN ROUMAIN :

Arbore (Z. C.) : *La Bessarabie au XIXe siècle*; Bucarest, 1898.

Arbore (Z.) : *Le dictionnaire géographique de la Bessarabie*; Bucarest, 1904.

Jorga (N.) : *Notre Bessarabie*, Valeni-de-Munte, 1912.

Moruzi (D. C.) : *Les Russes et les Roumains*; Bucarest, 1906.

Xenopol (A. D.) : *L'époque des Fanariotes*; Jassy, 1892.

L'ORGANISATION DE LA BESSARABIE

DE 1812 JUSQU'A 1828

CHAPITRE I

Le maintien de l'ancienne organisation moldave. Le Gouvernement
provisoire 1812-1818. Les « Tchinovnitchi » (fonctionnaires russes).
Le plein pouvoir impérial.

Dans son mouvement impérialiste vers « Sainte-
Sophie » et vers les détroits du Bosphore, la Russie avait
besoin pour atteindre plus facilement son but, de la sympathie des peuples chrétiens qui se trouvaient sous le joug
turc.

Pour se créer de la popularité parmi ces populations, la
Russie, aussitôt après avoir annexé la Bessarabie par le
traité du 16 mai (ancien style) 1812, a cherché à l'organi-
ser de manière à rendre visible la différence entre le sort
des malheureux chrétiens de Turquie et le bien-être des
populations orthodoxes de l'empire russe [1].

C'est dans ce but que le tzar Alexandre Iᵉʳ conféra aux
habitants de la Bessarabie nouvellement annexée une
série d'avantages et de privilèges. Il nomma comme gouverneur de la province Scarlat Sturza, grand boyard et
propriétaire indigène (7 août 1812).

Gabriel Banulescu Bodoni, également roumain, est
nommé métropolite du diocèse de Kichinev et de Hotin
(1812).

1. CASSO. *Le droit byzantin en Bessarabie*, p. 3-4.

La population fut dispensée de toute contribution et impôts pendant trois ans (1812-1815), période qui fut ensuite prolongée de deux ans.

Elle fut encore dispensée du recrutement pour un temps indéterminé qui s'est prolongé jusqu'en 1874. Mais le plus grand avantage a été *la conservation pour la Bessarabie de ses vieux fondements de vie juridique ainsi que de son organisation administrative intérieure.*

Le tzar Alexandre Ier a appliqué ici le même principe que celui qui l'a guidé dans l'organisation de la Pologne, de la Finlande et de la Géorgie.

Par l'Ukase (décret) du 23 juillet 1812, il créa un *gouvernement provisoire* de la province, et par l'ukase du 2 février 1813 il attribuait deux départements, c'est-à-dire deux ministères, à ce gouvernement.

Le premier décret décidait de « laisser aux habitants de la Bessarabie leur *organisation législative* » ; le second, après avoir répété la même chose, précisait de plus que : « *Les affaires judiciaires doivent être jugées d'après les lois et les coutumes du pays* ». Un décret ultérieur (13 mai 1813) ordonnait entre autres « de ne faire aucun changement dans l'administration de la Bessarabie »[1].

Cette tendance de garder en Bessarabie le *statu quo ante* s'est affirmée encore par le décret du 21 août 1813 « *Sur l'organisation du diocèse de Kichiney et de Hotin* » par lequel on impose « *l'application des coutumes locales, car elles ne s'opposent pas aux législations fondamentales russes, civiles et ecclésiastiques..., puisqu'on a laissé au peuple de Bessarabie les anciens droits moldaves* »[2].

Ainsi donc, à la tête de l'administration bessarabienne, se trouvait le *gouvernement provisoire* qui se composait de *deux départements* (ministères) et de leur *assemblée générale*, sous la présidence du gouverneur. Cette assem-

---

1. O. I. PERGAMENT. *De l'application des lois locales Donici et Armenopoulo*, p. 5.

2. O. I. PERGAMENT. *De l'application des lois locales Donici et Armenopoulo*, p. 5.

blée, par ses fonctions législatives et judiciaires, ressemblait beaucoup au « *Divan* » de Jassy, qui, jusqu'à l'annexion de la Bessarabie, avait eu autorité sur cette province.

Chaque département se divisait en trois sections : le premier comportait les sections : *a*) civile ; *b*) pénale ; *c*) policière. Le second comportait les sections : *a*) statistique ; *b*) financière ; *c*) commerciale.

Les départements étaient composés de propriétaires indigènes en proportion de 7 sur 12 et des « Tchinovnitchi » russes [1] (5 sur 12), tous désignés par le gouverneur.

Les débats se poursuivaient en deux langues : en roumain et en russe. Pour cette raison, chaque département avait deux chancelleries : l'une roumaine, l'autre russe.

La Bessarabie au point de vue administratif était divisée en 12 districts [2] : à la tête de chaque district se trouvait un ou deux préfets (portant le nom de « Parcalab » à Hotin et de « Serdar » à Orhei) qui avaient une compétence administrative et judiciaire.

Les districts étaient divisés en arrondissements qui avaient à leur tête les chefs d'arrondissements. Les bourgs avaient les chefs de bourgs et les « Mazil » gardaient leurs anciennes organisations ayant à leur tête les chefs des Mazil.

Les unités militaires, ainsi que les forteresses, étaient sous le commandement spécial d'un chef militaire ; le clergé, ainsi que l'administration et toute l'organisation ecclésiastique avaient à leur tête un métropolite.

Cette organisation administrative a duré avec quelques petites modifications jusqu'en 1818. Comme elle était composée en majorité de moldaves, elle a provoqué, dès le début, le mécontentement des « Tchinovnitchi » russes.

Les « Tchinovnitchi » formaient pendant l'occupation de la Moldavie et de la Valachie (de 1806 à 1812) une soi-

1. Fonctionnaires russes.
2. Casso. *La Russie au Danube*, p. 199.

disante administration civile auprès du chef suprême de l'armée russe du Danube. Après la retraite de l'armée russe, des principautés, en 1812, les « Tchinovnitchi » russes restés en Bessarabie[1], ignorant la langue roumaine, les lois et les habitudes moldaves, ne pouvaient pas occuper une place importante dans la hiérarchie administrative de la Bessarabie. C'est pourquoi ils commencèrent une campagne énergique contre l'ordre établi et contre l'élément autochtone, afin de pouvoir introduire en Bessarabie les lois et les institutions russes; ils avaient à leur tête le gouverneur Harting.

Mais l'opposition roumaine, ayant a sa tête le métropolite Gabriel Banulescu Bodoni, fut assez puissante, et les « Tchinovnitchi » russes ne réussirent pas dans leur dessein[2]. Enfin, à la suite d'une plainte adressée par les patriotes roumains au tzar Alexandre Ier, dans laquelle ils réclamaient contre Harting et priaient en même temps qu'on leur gardât les privilèges accordés, Harting fut relevé de ses fonctions.

On créa ensuite pour la Bessarabie un nouveau poste de « Namestnik », lieutenant plénipotentiaire, en la personne du gouverneur général de Podolie, Bahmetief, qui dépendait directement du tzar.

Bahmetief reçut l'ordre d'élaborer pour l'organisation de la Bessarabie un projet de règlement qui soit d'accord avec les lois et les coutumes locales, et dans des instructions ratifiées par l'empereur, jointes à l'écrit adressé à Bahmetief, on motivait la nécessité d'une organisation spéciale de la Bessarabie, par l'analogie de ce qui existait avec l'autonomie respectée de la Pologne, de la Finlande et de la Géorgie[3].

---

1. A. Nacco. *Étude sur l'organisation civile de la province de Bessarabie, 1812-1828*, p. 3.

2. *O. C.*, p. 19-20; Zozulinof. *Almanahul Basarabiei*, p. 121; A. Stadnitzky. *Gavril Bunulescu Bodoni*, pp. 279-80; pour d'autres détails, voir le chapitre : « Le caractère de l'administration russe ».

3. Stadnitzky, pp. 287-88; Casso. *La Russie au Danube*, pp. 213-214.

CHAPITRE II

Le règlement de 1818 ou l'autonomie nationale. Le Conseil suprême
(diète); l'organisation administrative et judiciaire.

Ce règlement fut préparé et écrit dans les deux
langues : russe et roumaine; le 29 avril 1818 il fut ratifié
par le tzar à Kichinev même. Ce règlement accordait
à la Bessarabie une autonomie nationale assez large qui,
si elle avait été conservée et développée, aurait fait de la
Bessarabie la plus heureuse des provinces de la Russie.

Les institutions les plus importantes ainsi introduites
en Bessarabie étaient donc le *Conseil suprême et le gouvernement de la province.*

A. *Le Conseil suprême* (organe collégial) comptait
parmi ses membres le gouverneur, le vice-gouverneur,
les deux présidents des tribunaux civil et criminel et six
députés de la noblesse moldave, sous la présidence du plénipotentiaire du Tzar. De cette manière la majorité
(6 contre 5) était assurée aux représentants indigènes.

Dans la compétence du Conseil suprême figuraient :

a) Les affaires administratives, exécutives, financières
et économiques;

b) Les dossiers en instance d'appel concernant les
questions de droit pénal, d'instruction, de droit civil et
de délimitation. Les sentences étaient définitives et les
réclamations à leur sujet ne pouvaient être renvoyées
qu'au Conseil d'État de Pétersbourg.

Toutes les affaires administratives et judiciaires se
discutaient *en roumain et en russe,* conformément aux
lois roumaines et russes; les affaires civiles ne compor-

taient néanmoins que le roumain et étaient jugées *selon les lois et les coutumes moldaves*[1].

B. *Le gouvernement de la province* comprenait 2 sections :

a) La section exécutive et *b*) la section judiciaire.

Le gouvernement proprement dit était composé du gouverneur civil, du vice-gouverneur, des conseillers, du trésorier de la province et des assesseurs. Il se divisait en deux sections : 1° La section administrative qui se composait de 5 membres et 2° la section financière économique qui se composait de 4 membres. Les affaires d'importance capitale étaient renvoyées devant l'assemblée générale du gouvernement provincial[2].

Les affaires du gouvernement provincial étaient débattues en roumain et en russe « selon la nécessité ».

Parmi les membres du gouvernement, 6 étaient nommés et 3 élus pour trois ans. Contre toute décision du gouvernement, on pouvait faire appel au Conseil suprême dont les décisions restaient définitives.

Le Tribunal pénal de la province était composé d'un président, trois conseillers et l'assesseur ; trois de ces membres étaient élus et deux nommés. Dans la compétence de ce tribunal comme instance appellative, entrait la solution des questions de droit pénal et des enquêtes qui venaient des tribunaux départementaux.

Les jugements devenaient exécutoires seulement après leur approbation par le gouverneur civil lequel, en cas de divergence, envoyait son opinion à « la décision définitive du Conseil suprême » ; les dossiers des affaires pénales et des instructions étaient résolus selon les principes des « législations russes ».

La procédure se faisait dans les deux langues, mais de préférence en roumain[3]

---

1. *Règlement*, pp. 3-4.
2. *Règlement*, pp. 5, 8.
3. *Règlement*, pp. 9-10.

Le tribunal civil de la province se composait de 5 membres dont deux étaient nommés et trois élus.

Sous la compétence de ce tribunal entraient les affaires privées et les prétentions réciproques des particuliers et du fisc.

Pour les affaires privées, les appels pouvaient être portés devant le Conseil suprême. Les décisions dans les affaires du fisc étaient renvoyées aux gouvernements de la province.

La procédure de ce Tribunal, dans les affaires privées, se faisait exclusivement en roumain et conformément aux législations locales *accordées pour toujours à la province de Bessarabie*[1]. En ce qui concerne les affaires du fisc « on maintint les lois russes de procédure ».

Il a été fondé en Bessarabie, en même temps, des tribunaux de département et des procurateurs départementaux.

Les Tribunaux de département se composaient d'un président et de deux membres, tous élus par la noblesse.

On enleva aux préfets l'attribution judiciaire et on leur laissa seulement les attributions administratives. Ils devaient être choisis par la noblesse et approuvés par le gouverneur[2].

Le Règlement reconnaît tous les droits des classes bessarabiennes. Les boyards, outre leurs privilèges anciens, gagnent en plus les droits et les avantages de la noblesse russe[3].

En comparaison avec les autres provinces où l'esprit de centralisation et de bureaucratie régnait de la façon la plus effroyable, où les mots « liberté du paysan » étaient considérés comme un crime contre les lois fondamentales, la situation en Bessarabie était supportable.

Mais cet état de choses ne dura pas longtemps et son autonomie fut de courte durée.

1. *Règlement*, p. 10.
2. *Règlement*, pp. 15, 65.
3. *Règlement*, pp. 16, 17.

CHAPITRE III

Les intrigues des « Tchinovnitchi ». La liquidation de l'autonomie. La suppression du Conseil suprême en 1828. L'interdiction de la langue roumaine. L'introduction de l'organisation russe. Le commencement de la russification.

Cependant les ennemis des privilèges moldaves ne dormaient pas : ils rassemblaient leurs forces et attendaient le moment propice.

Le Lieutenant plénipotentiaire Bahmetief, « homme vicieux et très ambitieux », fut très facilement gagné par les mauvais éléments russes et surtout par les « Tchinovnitchi »: il devint le porte-parole de leurs désirs et de leurs tendances. Mais il ne tarda pas à être compromis dans des affaires louches, traduit en justice et, quoique acquitté par le Sénat, éloigné du poste qu'il occupait en 1819 [1].

Le général Inzof, un vieillard, qui tint provisoirement la place de lieutenant plénipotentiaire, s'occupait beaucoup plus de jardinage que des intérêts du pays.

En 1823 vint comme lieutenant plénipotentiaire de Bessarabie le gouverneur général d'Odessa : le prince Vorontzof. Sa nomination fut reçue avec joie par la noblesse moldave, qui croyait que cet homme, élevé dans le culte de la constitution anglaise, soutiendrait l'autonomie de la Bessarabie. Mais on fit trop de propagande contre cette autonomie ; les fonctionnaires russes : Bludof, Longhinof, Vighel et d'autres, envoyaient constamment à Pétersbourg toutes sortes de dénonciations

1. CASSO. *La Russie au Danube*, p. 220,

contre les lois et les coutumes locales, contre le Conseil suprême, contre les privilèges de la Bessarabie, etc....

Au Ministère de l'Intérieur, on avait dejà créé une atmosphère défavorable à l'autonomie. Le prince Voront-zof se laissa convaincre et finit par croire que l'auto-nomie de la Bessarabie pouvait devenir la source de tous les maux.

Les circonstances avaient de la sorte, en peu de temps, beaucoup changé, au désavantage de cette province.

Le grand patriote roumain, le métropolite Gavril, était mort en 1821.

Le comte Capodistria, qui avait si fortement tenu à la bonne organisation et autonomie de la Bessarabie était, lui aussi, bien loin de cette province.

Le libéralisme du tzar Alexandre Ier commençait d'autre part aussi à s'atténuer vers la fin de sa vie.

L'ukase du 3 août 1825, par lequel on enlève la compétence judiciaire du Conseil suprême, fut le premier coup qui frappa l'organisation autonome de la Bessarabie.

Alexandre Ier meurt en novembre 1825 et Nicolas Ier (le plus autocrate de tous les tzars russes) lui succède.

L'idée d'autonomie ne trouvait de place dans sa tête d'autocrate. Lui « le seul maître de tous les russes » ne pouvait pas admettre des systèmes différents de gouvernement, des régimes divers dans les limites d'un seul empire. L'autonomie était pour lui une source de corruption, de débauche et de révolution. C'est ainsi, que par le décret du 29 février 1828 le Conseil suprême, c'est-à-dire l'organe le plus important de l'autonomie bessarabienne, après avoir fonctionné à peu près 10 ans, fut supprimé d'un seul trait de plume[1].

Le nom du Conseil suprême est changé en « Conseil de la province ». Ce dernier ne peut se réunir que deux fois par an et uniquement pour l'étude de questions écono-

1. Casso, o. c., p. 223 et suivantes.

miques et d'approvisionnement. Il n'a d'ailleurs plus qu'une voix consultative [1].

Ses membres, excepté le maréchal provincial de la noblesse, sont tous nommés et non élus.

Les tribunaux sont réorganisés d'après le modèle des tribunaux russes de l'époque [2].

Mais ce qui est plus triste, la langue roumaine est bannie des bureaux de tous les établissements administratifs de la province. L'article 62 de la loi de 29 février 1828 dit : « Tous les dossiers des établissements de l'État de la province de Bessarabie seront écrits en russe ».

En réalité, l'emploi de la langue roumaine a persisté jusqu'en 1834.

Avec le Conseil suprême, on a aboli aussi, en 1828, la fonction de lieutenant plénipotentiaire de la Bessarabie. Tout le pouvoir de la province fut concentré dans la main du gouverneur civil, qui dépendait directement du gouverneur général d'Odessa. Ce gouverneur civil devint aussi à partir de 1836 gouverneur militaire, réunissant en sa personne aussi les attributions du commandant militaire de la Bessarabie (Feodorof).

On doit considérer comme un dernier coup ayant frappé l'ancienne organisation de la Bessarabie, le détachement en 1837 du diocèse de « Kichinev et Hotin », de l'Ukraine, du Chan (territoire entre le Bug et le Dniester), de la ville et du district de Tiraspol, des villes de Dubosar, Ananief, Ovidiopol, d'Odessa, appartenant à la province d'Ecaterinoslav, de la ville Ociacov avec quelques villages des districts de Kerson et de Olviopol.

L'Ukraine du Chan, qui jusqu'en 1791 faisait partie du diocèse de Proilav, fut rattachée, par le décret du tzar du 21 août 1813, au diocèse de Kichinev, parce que, d'après ce qu'écrit le métropolite Gavril, « *cette steppe est habitée*

*par les Valaques, les Grecs, les Bulgares... et les Russes
y sont en très petit nombre* [1] ».

Par ces dispositions et ces changements, on met fin à
l'autonomie de la Bessarabie.

On y introduit petit à petit l'organisation générale des
provinces russes avec la subordination de tous ces établissements aux organes centraux du gouvernement de
Petersbourg.

« Les changements qu'on a apportés ensuite dans l'administration intérieure de la Russie, dit Casso, ont touché
aussi la Bessarabie.

« La réforme paysanne, celle de la Zemstva, de la justice,
ont rapproché davantage la Bessarabie de la Russie [2] ».

Tout se fait dorénavant d'après le modèle russe. Tous
les fonctionnaires russes, en commençant par le gouverneur, en continuant par les prélats, les préfets, les juges,
les professeurs, les gendarmes, etc..., et en finissant par
les commissaires, se mettent avec ardeur au travail. Leur
but est la dénationalisation du peuple moldave et l'introduction en Bessarabie de « l'esprit russe. » Pour atteindre
ce but, le gouvernement russe n'épargne aucun moyen.
Et les moyens les meilleurs et les plus efficaces de russification sont, bien entendu, l'École et l'Église.

1. STADNITZKY, p. 250.
2. *La Russie au Danube*, p. 226.

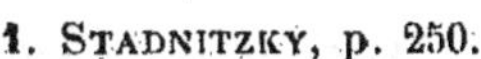

CHAPITRE IV

L'ÉCOLE, MOYEN DE RUSSIFICATION

Le bannissement de la langue roumaine des écoles. La protestation
de la noblesse contre la russification et la demande de la réintro-
duction de la langue roumaine dans les écoles bessarabiennes ainsi
que la demande d'achat des livres scolaires de Moldavie et de
Valachie.

Jusqu'en 1812, année malheureuse de la perte de la
Bessarabie, en dehors de quelques écoles urbaines, l'enseignement était centralisé dans les couvents, qui ont joué
à ce point de vue un très grand rôle dans le passé de la
Moldavie; ces derniers avaient à leur disposition des revenus importants provenant des propriétés que leur avaient
données dans ce but les princes et les boyards pieux [1].

Sous la domination russe, le nombre des écoles commence à augmenter : tout d'abord dans les villes, ensuite
dans les villages; on fonde au commencement des écoles
inférieures, ensuite des écoles secondaires.

Dans l'enseignement prédomine le caractère religieux,
surtout dans les villages; on ouvre plus tard des écoles
laïques et seulement dans les villes.

Cet état des choses a duré approximativement jusque
vers 1860.

Toutes les matières du programme étaient, bien
entendu, enseignées en russe, *la langue roumaine ayant
été bannie des écoles dès le début.*

En 1824, déjà, le comte Vorontzof, le lieutenant-pléni-
potentiaire de Bessarabie, ordonne que « l'enseignement
dans les écoles lancastériennes (de Bessarabie) soit fait

1. *Les œuvres de la Commission archivale de Bessarabie*, tome II, p. 120.

avant tout et de préférence en russe et qu'on n'enseigne le moldave qu'aux élèves qui désirent apprendre cette langue en plus du russe[1] ».

Si on tolérait le roumain comme objet d'enseignement, c'était seulement à cause de la nécessité de former un cadre « d'hommes et de fonctionnaires utiles, qui connaîtraient à fond le russe et le roumain[2] », car, sans connaître le roumain, les Russes n'auraient pas pu s'entendre avec les paysans moldaves.

Mais l'enseignement en général allait très mal. La raison en était que la grande majorité des enfants ne comprenaient pas plus le russe que le chinois et que l'enseignement se faisait en dépit du principe pédagogique « du facile au plus difficile » et « du connu à l'inconnu ».

Dans les villages, où il n'y avait que des écoles religieuses, les fruits de l'enseignement étaient presque nuls.

Contre cet état anormal de choses et surtout contre le bannissement de la langue roumaine de l'enseignement, la noblesse indigène et le clergé ont élevé leur voix.

En 1839 le maréchal de la noblesse Dimitriu demande au curateur de l'enseignement d'Odessa *l'introduction de la langue roumaine dans les écoles régionales et lancastériennes*[3]; mais ce fut sans résultat.

En 1841 cette demande est répétée par le nouveau maréchal Jean Stourza. Dans son rapport du 21 septembre 1841, Sturza, constatant les tristes résultats de l'enseignement qu'il a « vérifiés par sa propre expérience » même dans « la classe noble », demande :

1° La nomination de bons professeurs de roumain dans les écoles régionales ; 2° l'achat en Moldavie et Valachie de la quantité nécessaire de livres scolaires roumains, témoignant du désir d'acheter ces livres au compte de la noblesse[4].

1. *Les œuvres de la Commission archivale*, tome II, p. 153.
2. *Ibidem*, p. 123.
3. *Ibidem*, p. 174.
4. *Ibidem*, p. 175.

Le résultat de cette demande fut l'introduction de la langue roumaine comme matière d'enseignement dans quelques écoles régionales. Au sujet « des livres de Moldavie et de Valachie » le Ministre ne répondit rien[1].

Le Conseil même de la province trouva la demande du maréchal provincial Stourza légitime et déclara dans sa réponse du 21 mars 1842 au gouverneur Feodorof qu'il vaudrait mieux « permettre l'enseignement de la langue roumaine dans les écoles régionales, de la langue roumaine qui serait plus utile que les autres pour la jeunesse moldave d'ici[2] ».

En ce qui concerne les écoles paroissiales et surtout les écoles communales, il faut remarquer qu'elles existaient plutôt de nom qu'en réalité, car l'enseignement était confié aux prêtres et ceux-ci ne savaient pas enseigner en russe, car ils ignoraient cette langue. *En 1842, dans tout le département de Jassy (Baltzi), on ne trouva que deux prêtres sachant le russe[3].*

A ce sujet, le rapport de l'archiprêtre de Baltzi, Michel Siniacevsky, en réponse au prélat Dimitrie qui avait donné l'ordre d'ouvrir des écoles russes dans le département, est très caractéristique. Voilà ce qu'écrivait le russe Siniacevsky, qui était inspecteur de l'enseignement du département : « *Les Moldaves préfèrent à l'enseignement primaire gratuit en langue russe, l'enseignement payant en moldave, avec des instituteurs libres en dehors de l'école[4]* ».

Le prélat Dimitrie, chef de l'enseignement religieux pour « infiltrer dans les cœurs des enfants les principes de la foi orthodoxe et la crainte de Dieu » essaya d'assez mauvais gré de permettre au clergé d'enseigner aux enfants le roumain.

---

1. *Les œuvres de la Commission archivale,* tome II, p. 175.
2. *Ibidem,* p. 175-176.
3. *Ibidem* p. 179.
4. *Ibidem,* p. 179.

Ce fait eut un bon résultat. L'enseignement commença à mieux aller dans les écoles paroissiales[1].

Voilà l'état dans lequel se trouvait l'enseignement en Bessarabie jusqu'à la *guerre de Crimée* (1854-55).

* * *

L'admission de la langue roumaine dans les écoles paroissiales. La pénétration « de la propagande roumaine » de la Bessarabie du Sud, cédée en 1856 à la Moldavie. — Les méthodes de lutte contre ce courant. Le grand russificateur, l'évêque Pavel, et son activité.

On sait qu'après le traité de Paris (1856) on rendit à la Principauté de Moldavie trois districts de la Bessarabie, arrachée à la Moldavie par les Russes en 1812 : les districts de Cahul, Bolgrad et d'Ismaïl.

Comme les anciens sujets du Tzar avaient à liquider leurs affaires « de l'ancienne Bessarabie », une communication entre les Roumains « d'en deçà avec ceux d'au delà du Pruth » commença malgré la vigilance et l'acharnement de la police russe. En même temps commencèrent à pénétrer dans la Bessarabie, restée au pouvoir des Russes, des livres, des journaux roumains et avec eux la « propagande roumaine ».

M. Batiuscof, le fameux historien panslaviste, dit à cette occasion : « *de la part de la Bessarabie cédée à la Moldavie, qui est peu favorable à l'empire russe, la propagande encouragée par les autorités moldaves a commencé à se répandre dans notre province de Bessarabie*[2]. »

En 1867, le procureur suprême du Synode, le comte D. A. Tolstoï, inspectant les écoles de Bessarabie, a découvert que « *dans beaucoup d'églises... l'office se fait en roumain, et dans les écoles (religieuses) l'enseignement se fait en roumain*[3] ».

---

1. *Les ouvrages de la Commission archivale,* tome II, p. 179.
2. BATIUSCOF, *La Bessarabie*, p. XL.
3. *Ibidem.*

« Les désordres, se plaint M. Batiuscof, qui existaient dans le Département de l'enseignement et dans le clergé, ne pouvaient ne pas attirer l'attention du comte Tostoï. A la suite de son rapport envoyé au Tzar, le Ministre de l'Instruction publique et le Département du Synode avaient pris des mesures pour faire cesser toute roumanisation ultérieure des églises et des écoles » [1].

En effet, pour étouffer tout sentiment roumain, tout mouvement national, le gouvernement russe a commencé à édicter toute une série de mesures énergiques.

En premier lieu on augmenta le nombre des écoles religieuses et laïques dans les villes ainsi que dans les villages [2].

Les membres du corps enseignant furent recrutés parmi les plus acharnés chauvins russes ou parmi les russophiles. L'enseignement de la langue roumaine fut complètement interdit. Dans les bibliothèques on ne trouvait plus aucun livre roumain.

A l'école commence l'odieux système de railler tout ce qui n'est pas russe. Si les élèves parlent roumain entre eux pendant la récréation, ils sont injuriés par leurs surveillants du nom de « moldovan-baran » [3], « moldave-tête de bœuf ».

On dit aux enfants des écoles que le roumain est « la langue du peuple » et que le russe est « la langue des gens instruits », des « gens nobles ».

Dans les manuels scolaires d'histoire, de géographie, etc., on ne dit rien aux élèves bessarabiens de leur origine latine, ni de leur histoire nationale et de la terre de leurs ancêtres.

Si les élèves plus curieux des écoles secondaires demandaient à leurs professeurs quelle était l'origine du peuple moldave, il y en avait qui, tel Nicolas Comarof,

---

1. Batiuscof, *La Bessarabie*, p. XL.
2. *Ibidem*, p. XXXIX.
3. Baran - mouton.

leur répondaient que les Moldaves sont « d'origine tzigane, de même que les Roumains d'au delà du Pruth » ; d'autres plus « savants », comme par exemple le professeur d'histoire du Séminaire théologique, Elefterie Mihalevici, affirmaient aux élèves que « les Moldaves étaient les descendants des brigands et des voleurs romains qui avaient été exilés dans les confins de l'empire romain, vers le Danube et la Mer Noire ».

Mais « les vraies mesures » de russification, comme le dit M. Batiuscof, ont été prises en Bessarabie par le plus maudit bourreau en habit ecclésiastique qui fut : l'archevêque Pavel Ledebef, qui a occupé le « siège archiépiscopal de Kichinev » pendant 11 ans (1871-1882).

Faisant l'éloge de ce prélat, M. Batiuscof dit « que son activité a été surtout utile pour la province de Bessarabie après le traité de Berlin (1878), par lequel on a rendu à l'empire russe cette partie de la Bessarabie d'où pénétrait chez nous la roumanisation ; elle a été indubitablement utile non seulement au Département synodal, mais aussi à la « partie laïque scolaire-pédagogique » de la province [1].

Ce russificateur a fixé, avant tout, son attention sur « l'amélioration » de l'enseignement dans les ecoles religieuses et surtout dans le séminaire théologique et l'école paroissiale de filles de Kichinev.

Aux dires de l'écrivain russe Sozulinof, « le prélat Pavel a vu, à juste titre, dans l'école paroissiale de filles, le meilleur propagateur de la langue et de l'esprit russe dans la vie du clergé et la force la plus puissante pour la russification de la province » [2].

L'archiprêtre Pavel a été le premier qui a introduit le russe dans les églises et les couvents purement moldaves, y fondant le soi-disant « cliros » russe [3].

<hr>

1. *La Bessarabie*, p. XLI.
2. Zozulinof, « Une courte esquisse historique sur la Bessarabie », publiée dans l'almanach de la gazette *Bessarabetz*, p. 141.
3. Bastiuscof, p. 174.

C'est lui qui a prohibé l'office en moldave dans les églises de Kichinev et dans d'autres villes encore, sous prétexte que « tous savaient le russe ». Il a ouvert des écoles russes dans les couvents roumains obligeant même les vieux moines à apprendre le russe[1].

Il a fermé, à la campagne, 336 églises[2] parce que leurs prêtres ne sachant pas le russe ne pouvaient célébrer le service divin en russe. C'est encore l'archiprêtre Pavel qui a interdit la rédaction en roumain de la seule revue ecclésiastique qui paraissait en russe et en roumain : « Les Nouvelles Paroissiales ».

On ferma en outre la seule typographie paroissiale roumaine, fondée par le métropolite roumain, Gavril Banulescu-Bodoni, en 1813, où l'on avait imprimé un si grand nombre de bons et utiles livres roumains[3].

Il destitua, dans la « nouvelle Bessarabie » annexée de nouveau en 1878, tous les prêtres de leurs paroisses qui n'avaient pu apprendre le russe dans le courant de 2 ans[4].

Russificateur implacable, il était en même temps un sectaire sans pareil en matière religieuse : c'est lui qui a ouvert le premier la lutte entre ses confrères lipovènes qui dépendaient « de l'ancienne orthodoxie » ; il ourdit des intrigues contre leur pseudo-évêque d'Ismaïl ; il empêcha par tous les moyens l'exercice de leur culte religieux et il inaugura au séminaire théologique de Kichinev une chaire pour combattre « le schisme lipovène » (rascol)[5].

Enfin ce fut toujours l'archiprêtre Pavel qui pour la dénationalisation des roumains a réussi à obtenir de grosses sommes des revenus des propriétés des couvents qui avaient été léguées par les princes et

---

1. Arbore, *La Bessarabie*, p. 509.
2. Arbore. *La Bessarabie*, p. 307.
3. *Les ouvrages de la Commission archivale.* tome II, p. 143.
4. Zozulinof. *op. cit.*, p. 141.
5. *Ibidem*, p. 136.

les boyards moldaves dans des buts de bienfaisance[1].

Aussi l'activité du préfet Pavel a semé l'épouvante parmi le clergé orthodoxe et parmi les autres confessions. Elle a provoqué la haine de tous les hommes de bien qui se trouvaient dans la malheureuse Bessarabie.

1. Zozulinof, p. 141.

CHAPITRE V

L'ÉGLISE ET LE CLERGÉ

Le métropolite Gavril Banulescu-Bodoni. L'organisation de l'administration ecclésiastique. L'enseignement spirituel. La russification.
Les tristes conséquences de la russification de l'église. La dérision
des choses saintes. L'hérésie dans l'église. — La « stunda » et
« l'inockentianisme ». La ruine des milliers de familles paysannes.

Le peuple roumain était, dès le début de son existence,
de rite orthodoxe.

A la suite de son annexion à la Russie, la Bessarabie
reçut l'organisation ecclésiastique russe, et le clergé
bessarabien les mêmes droits que le clergé russe. On
mit à la tête de l'église bessarabienne, dès 1812, le
métropolite Gavril Banulescu-Bodoni, patriote roumain,
qui eut cependant la naïveté de croire que le seul salut
que pouvait trouver le peuple roumain contre la tyrannie
turque et l'exploitation de grecs phanariotes, était dans la
Russie orthodoxe[1].

Le métropolite Gavril a sacrifié tout le restant de sa
vie au travail de relèvement du niveau moral et intellectuel de son troupeau chrétien et surtout du clergé de
Bessarabie.

Dans ce but, il a fondé en 1813 le séminaire théologique (avec un cours secondaire) de Kichinev et en outre
l'école spirituelle (1814). C'est à lui qu'on doit aussi la
traduction en roumain d'un grand nombre de livres péda-
gogiques, religieux et ecclésiastiques. Pour répandre le
plus possible de ces livres de culture ecclésiastique, le

1. CASSO. *La Russie au Danube*, pp. 201, 225.

métropolite Gavril fonda une typographie diocésaine à Kichinev (1813). Pour l'administration et le jugement du clergé, il fonda dès 1812 une « décasterie » qui prit plus tard le nom de consistoire.

Le diocèse de Bessarabie appelé « le diocèse de Kichinev et de Hotin » est divisé au point de vue administratif en 9 évêchés[1], sous l'administration desquels se trouvaient toutes les églises paroissiales.

Au moment de son annexion, la Bessarabie possédait 775 églises.

Au diocèse de « Kichinev et de Hotin » on rattacha, en 1813, encore 100 églises de l'Ukraine du Chan (entre le Bug et le Dniester) et qui avaient dépendu auparavant de l'ancien diocèse de Proilav[2].

Cette division administrative ecclésiastique a été abolie en 1859 et remplacée par des circonscriptions de « blago-cini » (supérieurs ecclésiastiques), dont le nombre était arrivé en 1900 à 34[3].

Dans cette organisation étaient compris aussi les couvents, dont 13 pour les moines et 5 pour les religieuses.

Vers 1900, le clergé orthodoxe de Bessarabie était composé de 8112 personnes; dans ce nombre on comprenait les prêtres (1590), les sacristains (2388) avec leurs familles ainsi que tous les moines (405) et les religieuses (213)[4].

Tous formaient *la classe du clergé* qui jouissait de droits spéciaux quant à l'impôt et au service militaire.

Le clergé orthodoxe jusqu'à une époque assez récente n'était pas payé par l'État, et vivait des offrandes des fidèles. Mais en revanche, presque chaque église avait pour l'usage du prêtre 33 ha. de terre. Dernièrement, l'État ou

1. *Les ouvrages de la Commission archivale*, tome II, p. 117; ZOZULINOF, *loc. cit*, pp. 128-129.
2. STADNITZKY, p. 250.
3. *Les ouvrages de la Commission archivale*, tome II, p. 117.
4. ARBORE, p. 517.

la commune a fixé aux prêtres des traitement réguliers.

En général la situation matérielle du clergé orthodoxe en Bessarabie était assez bien assurée.

Après la mort du métropolite Gavril, pendant tout le temps de la domination russe, la Bessarabie n'eut plus d'archiprêtres roumains. Même le rang de « métropolie » a été enlevé à l'église de Bessarabie. Le diocèse de Kichinev et de Hotin devient un diocèse de second plan.

Le métropolite Gavril, qui était « le seul homme de la Province qui avait une autorité morale »[1] et pour lequel le Tzar Alexandre Ier avait un respect particulier et de la confiance[2], eut pour successeurs des prélats russes qui ne songèrent qu'à s'occuper de la russification du clergé. En 1862 on fonde à Kichinev l'école diocésaine pour les filles de prêtres, les futures femmes de prêtres et institutrices.

En 1868, on fonde à Baltzi une seconde école spirituelle qui est transférée en 1873 dans la petite ville Edintzi[3] et en 1879 on fonde une troisième école de ce genre à Ismaïl.

Ces tentatives furent cependant pendant longtemps vaines ; les élèves du séminaire théologique se faisaient consacrer prêtres et allaient à la campagne : ils vivaient parmi les Roumains, parlaient le roumain, officiaient et pensaient en roumain.

Mais la langue roumaine étant bannie de partout et les attaques de russification commençant « sur tous les fronts », ainsi que nous l'avons exposé plus haut (voir le chapitre École), cet état de choses finit par changer.

A la suite de l'activité antichrétienne et même anti-humaine, des prélats russificateurs, en commençant par Pavel (1871-1882), par Serafim (1907-1913) et en terminant par

1. CASSO. *La Russie au Danube*, p. 202.
2. STADNITZKY, p. 288.
3. BATIUSCOF, p. 158.

Anastasie (1914-1918), les membres du clergé de Bessarabie ne purent plus exercer d'une façon normale leur rôle de pasteurs du christianisme et d'apôtres de la morale.

*
* *

Il va sans dire que les tentatives de russification des prélats russes eurent pour l'église moldave les plus tristes conséquences.

Les élèves du séminaire de Kichinev n'ayant pas le droit d'apprendre le roumain, sont arrivés à ne plus pouvoir lire un mot de roumain; devenus prêtres, ils ne pouvaient prononcer à l'église le moindre sermon en roumain, pas même lire l'évangile.

Les prêtres qui comprenaient difficilement le slavon (l'ancien russe), langue dans laquelle ils étaient obligés d'officier, sont devenus de simples fonctionnaires qui exerçaient mécaniquement leur ministère.

Si quelques prêtres moldaves, par un sentiment de pitié pour leurs paroissiens, risquaient de passer sur les prescriptions des évêques et essayaient de lire un évangile en roumain, les prêtres russes, recrutés pour la plupart par les prélats russes dans leur diocèse antérieur ou dans leur pays d'origine, ne pouvaient pas le faire.

Le cas suivant est très typique pour démontrer l'état dans lequel était arrivée l'église.

Un jeune prêtre du district de Baltzi, Gavril V-sky, un grand ukrainophile, trop peu croyant, originaire de la province de Charkov, étant invité par un paroissien de son village roumain pour faire un office rituel, avait oublié à la maison son livre de prières. Mais en grand admirateur du poète ukrainien Chevcenko, il portait toujours dans sa poche une collection des vers de ce poète. Quoiqu'il sût par cœur toutes les prières, il ne savait pas les évangiles respectifs. Alors sortant de sa poche le volume de Chevcenko, il lut d'une voix très dévote, à la place de l'évangile, l'élégie : « dumi moi, dumi » (les pensées, mes pensées). Les paysans ne comprenant pas le russe et croyant qu'il disait l'évangile l'écoutaient agenouillés.

Il va sans dire que cet état de choses a apporté un grand affaiblissement du sentiment religieux et même du sentiment moral.

Tandis qu'auparavant il n'y avait pas de dimanche à la campagne sans que les églises (seuls endroits de consolation des paysans) ne soient remplies de fidèles, à présent avec l'introduction de la langue slavone dans les églises, elles étaient désertes et les paysans préféraient plutôt se réunir dans les auberges.

C'est à la russification des églises qu'on doit encore ce fait qu'une partie des Moldaves orthodoxes ont passé à la *Stunda*, une secte introduite par les immigrés allemands [1].

C'est toujours à cette cause qu'on doit, plus tard, attribuer l'origine du courant religieux psycho-pathologique, connu sous le nom de *Inockentianisme*.

Le chef de ce courant, le moine Inockentie, roumain de Bessarabie, fanatique religieux, remarquant que le peuple témoigne vainement depuis plusieurs années d'une ardeur religieuse et voyant que l'église officielle russe ne peut pas satisfaire cette soif religieuse normale et légitime, a commencé une propagande terrible : tout d'abord contre cette église, prouvant qu'elle s'était complètement écartée de sa mission, et ensuite même contre l'organisation sociale et politique de l'État.

Inockentie prenait pour point de départ dans ses discours des paraboles de l'évangile : « la fin du monde approche ; qui veut sauver son âme doit tout vendre et me suivre », car « il est plus facile au chameau de passer par le trou de l'aiguille qu'au riche d'aller au royaume des cieux ».

1. ARBORE, *op. cit.*, pp. 512, 514.

Les paysans, tout d'abord les Roumains, ensuite les Ruthènes et les Bulgares ont commencé à tout vendre : maisons, bétail, terres, etc., et ils portaient l'argent « au petit père Inockentie ». Celui-ci, avec l'argent ramassé, fondait des églises et des « paradis », c'est-à-dire des maisons avec des vergers, des vignobles et des jardins où ses fidèles vivaient en « communautés chrétiennes ».

Lorsque, à la suite de l'intervention du prélat Serafim, Inockentie fut expulsé de Bessarabie et qu'il s'établit au couvent Balta de Podolie, les paysans allèrent l'y trouver et s'empressèrent par milliers autour de lui.

Il était déjà devenu « un saint et un thaumaturge ». Lorsqu'il fut chassé de cet endroit aussi et déporté à Olonetzk, près de la mer Blanche, les paysans de Bessarabie commencèrent alors à y aller en pèlerinage. C'est ainsi que furent ruinées un grand nombre de fortunes rurales et que divers charlatans et exploiteurs s'enrichirent. Milliers de familles de paysans furent ruinées de cette manière.

L'épisode suivant de cette triste épopée caractérise l'état d'âme des paysans : Lorsque les autorités administratives eurent arrêté en route les trains qui portaient des pèlerins bessarabiens à Olonetzk, l'évêque de Bessarabie, le célèbre roumanophobe, Serafim, alla trouver les « inockentiens » à la gare de Kichinev avec le clergé supérieur et les autorités administratives, tenant une croix à la main et faisant des sermons touchant la misère économique à laquelle ils étaient arrivés.

Lorsque le sermon fut traduit en roumain, une paysanne répondit : « *Dieu qui nourrit les oiseaux s'occupera aussi de nous, votre sainteté avait oublié qu'en dehors du corps, nous avions aussi une âme* ».

L'Inockentianisme, malgré toutes les mesures de police prises et alors même qu'Inockentie fut tué, continua à subsister et il vit encore aujourd'hui.

CHAPITRE VI

LA JUSTICE

La justice en Bessarabie n'existait jusqu'à ces derniers temps que pour les riches, car pour venir *au seul tribunal de Kichinev*, il fallait faire du nord ou du sud de la Bessarabie 350-400 kilomètres, perdant quantité d'argent pour le voyage et autant de journées de travail.

Comme le tribunal était russe, il était défendu de s'expliquer en roumain, que ce soit par écrit ou oralement; on était forcé malgré soi de prendre un avocat et celui-ci coûtait de l'argent.

Les fonctionnaires qui dans les districts étaient affectés aux fonctions judiciaires, s'appelaient « *Zemski nacialnik* », ils avaient en même temps une compétence administrative.

La majorité d'entre eux étaient recrutés parmi : 1° les nobles russes déchus ; — 2° ceux qui n'avaient pas fait des études spéciales ; — 3° les anciens officiers, afin que « le paysan ne discute pas beaucoup, qu'il soit discipliné et qu'il obéisse à l'administration ».

Il est facile à comprendre quelle justice pouvaient rendre ces « juges » qui ignoraient la langue du peuple et les lois.

Une vraie « bacchanale » se jouait ainsi au détriment du paysan. Si celui-ci était pauvre et ne pouvait pas prendre d'avocat — malheur à lui ! Il se voyait condamné sans en savoir la raison. Il perdait souvent le procès, parce que le juge ne savait pas le roumain et « l'interprète », qui de droit n'existait pas et dont la fonction était de fait accom-

plie par un petit scribe d'arrondissement ou de village,
était acheté par l'adversaire.

C'est là qu'il faut chercher l'origine du proverbe roumain :

> Plutôt que d'aller chez le « miravoï » (juge de paix).
> Il vaut mieux aller se noyer dans le Dniester.

ou

> Plutôt que d'aller chez le « zemsky »
> Il vaut mieux s'en aller à tous les diables.

CHAPITRE VII

LES CLASSES SOCIALES

Les classes sociales. La noblesse, sa russification. Les rénégats bessarabiens au service de la cause russe. La contribution des Moldaves
au développement de la culture russe. Les gardiens du sentiment
national roumain : les poètes, les écrivains et les patriotes bessarabiens.

Parmi les classes sociales de la population bessarabienne, les plus importantes ont été et sont : 1° les
nobles ; 2° le clergé ; 3° les « mazili » ; 4° les « razeshi »
et 5° les paysans.

I. — La noblesse

Dès 1818, les boyards moldaves ont été reconnus par
le gouvernement russe et le document qui contient cette
reconnaissance est le Règlement de la Bessarabie (loi
fondamentale de l'autonomie de la Bessarabie). L'organisation qu'ils ont reçue est semblable à celle de la noblesse
russe.

A cette époque, ils étaient les seuls représentants de
la population roumaine et si nous faisons abstraction du
clergé, c'était l'unique classe intellectuelle. C'est parmi
eux, en dehors des Russes, qu'on recrutait les administrateurs, les préfets, les juges, les directeurs de préfec-
ture et les autres fonctionnaires.

Au commencement ils respectaient la tradition et les
« coutumes locales » et surtout ils conservaient pieuse-
ment la langue roumaine.

Mais, avec le temps, grâce aux écoles et à l'éducation

russes, aux mariages avec les Russes, aux fonctions qui leur rapportaient beaucoup, aux décorations, aux mesures de dénationalisation prises par les Russes, et à la crainte de perdre leur situation et leurs prérogatives, ils ont fini par oublier peu à peu leurs traditions et leur langue.

A la fin du XIXe siècle, on peut dire que la majorité de la noblesse autochtone avait disparu. Une partie s'était complètement éteinte, une autre partie a dégénéré ou a déchu, de sorte qu'elle ne représente actuellement aucun poids dans la vie publique du pays, et quant à la partie qui a subsisté elle s'est en grande majorité complètement russifiée.

La place des déchus fut assez vite occupée par toutes sortes d'étrangers, aventuriers, « boyards amenés par le vent » :

a) *Par des Grecs*, qui vendaient auparavant des citrons, des oranges, des olives, du nougat, qui s'étaient faits ensuite fermiers, ayant pris à ferme les propriétés des couvents ;

b) *Par des Arméniens*, qui avaient été auparavant des marchands de cochons et étaient entrés ensuite comme régisseurs chez les grands propriétaires roumains ;

c) *Par des Russes*, qui étaient venus en Bessarabie comme fonctionnaires de l'État ou comme officiers appartenant aux régiments qui y étaient fixés et étaient devenus ensuite fermiers, soit avec l'argent « gagné pendant l'exercice de leur fonction », soit par les mariages avec les filles des propriétaires roumains ;

d) *Par des Polonais*, qui avaient été obligés de quitter la Pologne après les révolutions de 1831 et 1863 et étaient ensuite entrés comme fonctionnaires dans les différents services de l'État qui leur étaient interdits dans leur pays ;

e) *Par des Bulgares*, qui étaient auparavant des jardiniers, des marchands de bostan ou de légumes ;

f) *Par des Allemands*, qui étaient venus en qualité de

colons, d'ouvriers, de mécaniciens, de dentistes, d'ingénieurs, de docteurs, d'architectes et d'autres spécialistes ;

g) Enfin *par des Israélites*, par quelques Français,
par des Albanais, etc. Voilà de quoi est formée aujourd'hui la presque totalité des grands propriétaires de
Bessarabie, qui remplacent les vieux boyards moldaves :
bourgeoisie sans nationalité, sans religion, sans traditions [1].

On comprendra facilement qu'entre ces « boyards » et
les paysans roumains, il ne pouvait y avoir aucune communion, — il n'existe que le plus infamant esprit
d'exploitation d'une part et la haine de l'autre.

Ils exploitaient sans merci le paysan roumain, sans
rien lui donner en échange.

Rien ne les attachait au pays que leurs terres : ni la
langue, ni l'histoire, ni les traditions.

Et en ce qui concerne la noblesse russifiée, c'est parmi
elle qu'on a recruté les serviteurs les plus fidèles du
Tzar.

Les familles Abaza, Crupensky, Bantis, Pourichkevitch,
Crusevan, Bulatzel, etc., sont trop connues sous ce rapport dans l'ancienne Russie.

Cette noblesse russifiée donna à la Russie un grand
nombre de hauts fonctionnaires et même de personnalités

1. Voici quelques familles étrangères qui ont remplacé les grands propriétaires indigènes et dont nous pouvons nous rappeler par hasard les
noms :

a) *Familles grecques :* Ciuflea, Sinadinos, Marazli, Mavrocordat, Camboli,
Rodoconaki, Frangopulos, Ciolacoglu, Nicopulos, Dioghenidis, Zahariadis,
Capitanopulos, Cricopulos, Conciotis, Adrianopulos, Frunzetti, Mafo, Stremiadis, Gusti, Cafritza, Kavadia, Andriani, Misso, etc.

b) *Familles arméniennes :* Manuc Bey, Anus, Goilav, Ohanof, Focsaneantz,
Muratof, Oganiantz, Demianovici, Romascan, Popovici, Uscat, Nazariantz,
Negrus, Birar, Chircoriantz, Marcariantz, Oxintovici, Bogdasarof, Anjulovici, etc.

c) *Familles russes :* Evreiinof, Ermolinsky, Gagarin, Feodorof, Buharin,
Bursky, Aleinicof, Dobrograef, Osmolovsky, Filatof, Vinogradsky, Leontief,
Culicof, Mitiucof, Borisoff, Filipof, Manuitof, etc.

d) *Familles polonaises :* Brjozovsky, Ambrojevici, Sitzinsky, Derojinsky,
Pisarjevsky, Iascinsky, Olsevsky, Tusinsky, Cuzminsky, Sisco, Dolivo-Dobrovolsky, Irjacovsky, etc.

e) *Familles bulgares :* Tzanko-Kilcick, Davidof, Atanasof, Marinof, Rodionof,
Curtef, Sopof, Tomof, Titorof, Mildof, Culef, Titof, Cristef, Parusof, Nedof, etc.

de marque, des dignitaires supérieurs [1], des généraux [2], des prélats [3], des lettrés et des savants [4], des hommes politiques [5], etc.

Mais beaucoup parmi eux ont complètement oublié la pauvre Bessarabie, leur pays d'origine. Ils n'ont pas eu pitié des malheurs du peuple roumain qui gémissait dans la misère et dans les ténèbres, étranger dans son propre pays, exploité et ruiné par tous les aventuriers étrangers, sans avoir de véritables prêtres, de défenseurs, d'instituteurs, de conseillers et de guides.

Plus spécialement il ne sera jamais pardonné à certains d'entre eux, qui se sont violemment tournés contre leur propre sang en s'associant à l'action des ennemis du peuple roumain. Telles sont les familles Crupensky, Crusevan, Pourichkevitch, Ghepetzky, qui, députés de la Bessarabie à la Duma impériale, avaient naturellement pour devoir de défendre l'introduction de la langue roumaine dans les écoles et les églises moldaves et qui ne l'ont pas fait; au contraire, *le séparatisme bessarabien* était pour eux une occasion de se créer des avantages, de consolider leur situation et de recevoir des subventions de l'administration russe pour « renforcer en Bessarabie l'esprit russe ».

N'est-ce pas là la plus lâche trahison vis-à-vis du peuple roumain ?

1. **Ministre** de l'Instruction ; L. Casso ; ministre des Travaux publics Dumitrascu; le gouverneur général de Irkoutsk : Bantîs-Camentzky; le gouverneur général de Stavropol : B. Ianusevici; le gouverneur de Moscou : Grégoire Cristi; les gouverneurs Catacazi, Sturza, Ursu (Voronej), etc.; les ambassadeurs et les diplomates : A. C. Sturza, A. Crupensky, M. Catargi et autres.

2. *Généraux :* Sturza, P. Ochinca, Ilie Catargi, Dem. Cantacuzino, Nicoritza, Canta, Tufescu, Donici, etc.

3. *Métropolites et prélats :* Banulescu-Bodoni, Gavril Vesti, Arseni de Novgorod etc.

4. **Manega** (légiste), Venelin (slaviste, de son vrai nom Gutza Venelovic); Naccu (historien), Grossu (professeur de l'Académie de Kiew, théologien), Gredescu (professeur à Petrograd, juriste), Buzescu (historien, professeur à Charkof), Cheltuiala (professeur à Petrograd, lettré), Stadnitzky (historien), Iatzimirsky (historien, slaviste, philologue), Casso (juriste, historien, professeur à Moscou), Sircu (historien, philologue), Nicolas Lascof (historien), etc.

5. **Crupensky**, Pourichkevitch, Gredescu, Crusevan Bulatzel, etc.

Du reste, la Russie a pu profiter des Roumains de talent même bien avant l'annexion. La littérature russe, et en général la culture russe, est étroitement liée à des noms roumains.

Pierre Movila, le métropolite de Kiew, le fils du prince de Moldavie, Siméon Movila, fonda des écoles religieuses, un séminaire de théologie et ensuite la fameuse Académie spirituelle nommée « Movileana » (1633-1646) et mit ainsi des bases sérieuses à l'enseignement russe en Russie. Ce fut toujours Pierre Movila qui écrivit pour les Russes un catéchisme orthodoxe[1].

Antioch Cantemir, le fils du savant prince de Moldavie, Démètre Cantemir, membre de l'Académie de Berlin, et sénateur russe, fut un des premiers, par ses satires, fables et épigrammes, à créer les commencements de la littérature russe profane (1720-1730).

Il fut ensuite l'ambassadeur de Pierre le Grand à Londres et à Paris[2].

Herascof (Herescu), écrivain russe de la seconde moitié du xviiiᵉ siècle, professeur à l'Université de Moscou, fondée en 1755, inaugure dans la littérature russe, par l'ode « Rossiade », le courant pseudo-classique qui à cette époque était si à la mode dans l'Europe occidentale (la *Divine Comédie* de Dante, le *Paradis perdu* de Milton, *la Henriade*, etc.). Herascof était Roumain originaire d'une grande famille noble de Valachie.

Même avant, vers la fin du xviiᵉ siècle, l'homme le plus instruit de la cour du Tzar de Moscou, Alexis Mihailovici, était le Spathar moldave Miclescu Cârnul, le premier ambassadeur russe à Péking, qui a laissé un ouvrage connu, traduit dans toutes les langues d'Europe : *Le voyage de Tobolsk à Péking.*

De 1415-1419, métropolite de la Volhynie et de la

1. Golubef. *Pierre Movila, le métropolite de Kiew et ses collaborateurs*, Kiew, 1885, t. I.
2. Pipin. *Histoire de la Littérature russe.*

Lituanie était le roumain Grégoire Tzamblak, connu comme écrivain dans toute la Yougoslavie. Ensuite le métropolite d'Azov Dosoftei (1703-1711), homme très instruit[1]; le métropolite du Vornej, Pahomie Spacowsky (1714-23); Arsenie Berlo, l'évêque de Mohilev et de Periaslav (1728-44); Antonie, évêque de Cernigov (1737); Pamva Berinda, philologue; Bour, astronome (1711-30); les grands capitaines Dobrovenetin (qui a pris au nom de Pierre le Grand en 1711 la cité de Mohilev) et Ianos, le conquérant de Bratzlav et tant d'autres.

En ce qui concerne la « Moldavie russe », c'est-à-dire la Bessarabie au xixe siècle, toute production intellectuelle roumaine y était presque impossible. Les écoles et les églises nationales ont été fermées, de même les imprimeries roumaines. Le passage des livres et des journaux d'au delà du Pruth était considéré comme une contrebande.

En 1895, à la douane de Reni, les gendarmes russes confisquèrent aux paysans de Transylvanie qui venaient en Bessarabie, des livres de prières; on expulsait, en 1885, du district de Baltzi, le fameux violoniste Lemis qui jouait aux mariages et aux fêtes des mélodies populaires, arrangées pour orchestre, sous prétexte qu'il était un « agent roumain » qui réveillait les sentiments nationaux.

En 1882, le fameux historien russe Nacco croyait que la Bessarabie « était déjà russifiée[2].

Eh bien, nous pouvons affirmer de toutes nos forces que la politique de russification et de dénationalisation du gouvernement russe n'a pas réussi en Bessarabie, comme elle n'a pas réussi non plus dans les autres provinces.

Il est vrai que dans le courant d'un siècle une partie des nobles roumains a été russifiée. Mais ce fait est arrivé

1. STADNITZKY. *Le métropolite Gavril Banulescu-Bodoni*, p. 3.
2. *Etudes*, p. 21.

pour la noblesse de tous les peuples subjugués. Il en fut de même en Bulgarie et en Serbie, où les boyards se sont faits turcs, en Transylvanie où ils se sont magyarisés et ainsi de suite.

En Bulgarie et en Serbie on était arrivé à un point tel que le jour où l'heure de la délivrance a sonné pour ces pays, il ne s'est pas trouvé une seule famille de boyards d'où l'on pût choisir un prince indigène.

En Bulgarie, on amena Alexandre de Battenberg et en Serbie les dynasties autochtones des Obrenovici et Kara-georgievici qui étaient loin d'être de souche noble

Mais il est vrai aussi que la politique de russification a été désastreuse pour la Bessarabie, car elle a paralysé pour un siècle le progrès intellectuel et économique. Malgré cela au cours de ce malheureux siècle (xixe) on a trouvé parmi les Bessarabiens assez d'apôtres pour la défense de notre cause nationale.

Les uns faisaient de la propagande, restant dans le pays et d'autres, trop persécutés, se sont vus obligés d'émigrer en Roumanie.

Voici quelques noms bien connus auxquels les Roumains de Bessarabie garderont une éternelle reconnaissance :

1. Alecu Donici, le grand fabuliste ;

2. Alexandru Hajdau (père), poète et publiciste ; il a écrit en roumain et en russe ;

3. Costake Stamati, poète, contemporain du poète russe Puskin ;

4. Ion Sarbu, fabuliste ;

5. Alecu Russo, un des plus grands poètes roumains.

6. Petrino, poète ;

7. B. P. Hasdeu (fils), un des plus grands savants roumains, lettré, historien, philologue, philosophe, membre de l'Académie roumaine et d'académies étrangères.

8. Nicolas Casu, le grand défenseur de la langue et des écoles roumaines ;

9. Basile Stroescu, le grand patriote roumain qui, ne pouvant ouvrir des écoles roumaines en Bessarabie, a dépensé des millions dans ce but en Transylvanie et en Roumanie;

10. Z. Arbore, historien, publiciste et lettré;

11. C. Stere, professeur, lettré, homme politique;

12. Joseph Naniescu, métropolite de Moldavie et de la Suceava;

13. D. Moruzi, romancier et publiciste;

14. V. Crasescu, nouvelliste;

15. V. Busila, professeur, etc.

Nous ne parlerons pas de la pléiade des plus jeunes qui se levant comme des défenseurs de la nation après la révolution russe de 1905, ont donné le premier coup au despotisme tzariste de Bessarabie.

Ce sont ces apôtres qui ont porté le « feu sacré » de notre nation. Ils l'ont hérité de leurs précurseurs et l'ont transmis aux générations suivantes. Par leurs écrits, par leurs souffrances, par la force de leur âmes, ils ont gardé, soutenu et encouragé l'espoir, la pensée et l'esprit roumains.

Ils ont prévu l'écroulement du « Colosse du Nord » et la division de l'empire russe, ainsi que la délivrance des peuples opprimés; ils ont même prédit à Nicolas II, le sort de Louis XVI.

Le vieux et sympathique Démètre Moruzi, qui n'a pas eu le bonheur de voir ses frères de Bessarabie délivrés, écrivait dans son livre : *Les Russes et les Roumains* comme un vrai prophète :

« La Russie constitutionnelle est une utopie[1]..... La France a substitué à la volonté du roi la volonté du peuple[2], car il y avait un roi et un peuple... mais dans la Russie libre ni les Allemands (de la Baltique), ni les Finlandais, ni les Polonais, ni les Ruthènes, ne voudront se mélanger

1. Moruzi, *Les Russes et les Roumains*, p. 233.
2. *Ibidem*, p. 234.

et fusionner avec les Grands Russiens en un seul État russe[1] ».

Plus loin : « Dans le futur et inévitable démembrement du grand empire tzariste, je vois entre les Grands Russiens et les Bessarabiens, entre Kichinev et Moscou, surgir au moins un grand État, si ce n'est deux. La Pologne et l'Ukraine ; Varsovie et Kiew, séparées ou unies. Que fera-t-on alors de notre Bessarabie[2] ? »

Et enfin : « L'heure sacrée approche ! Écoutez les cloches du Kremlin sonner en signe de deuil, annonçant la fin de dix siècles de servitude tzariste ! Mettons-nous donc au travail qui donnera de bons et utiles fruits[3] »,

II. — LE CLERGÉ

Le clergé occupe dans la structure sociale de la Bessarabie, d'après l'importance des privilèges qu'il possède, le second rang après la noblesse.

De cette classe nous avons suffisamment parlé au chapitre « Église et clergé ».

1. MORUZI. *Les Russes et les Roumains*, p. 237.
2. *Ibidem*, p. 238.
3. *Ibidem*, p. 240.

CHAPITRE VIII

LA CLASSE MOYENNE. — LA BOURGEOISIE

La Bessarabie est un pays agricole. L'industrie proprement dite est relativement peu développée et il n'y a guère qu'environ 9000 ouvriers travaillant dans différentes fabriques. La majorité de la classe moyenne est surtout composée de commerçants.

Les principaux objets de commerce, en Bessarabie, sont les céréales, le bétail, le poisson, le vin, les cuirs, la laine, etc....

D'après leur nationalité, notre bourgeoisie est composée de juifs, roumains, grecs, arméniens, russes, etc.

CHAPITRE IX

LA POPULATION RURALE

En premier lieu viennent les paysans, ensuite les « mazils » et enfin les « razesi ».

La population rurale est restée presque la même qu'au moment de l'annexion de la Bessarabie en 1812. C'est là que se sont conservés presque intacts la langue roumaine, les coutumes, la croyance, les traditions et l'amour sincère et fidèle du pays.

Ni les invasions des peuples barbares d'Asie (les Avares, les Goths, les Huns, les Slaves, les Tartares, etc.), ni les souffrances sous les différentes dominations étrangères : turque, polonaise, hongroise, allemande et moscovite, n'ont pu faire fléchir la foi de notre paysan que c'est lui le vrai propriétaire de la terre qu'il habite depuis environ 2000 ans.

C'est pour cela qu'aux changements des dominations étrangères, notre paysan répète avec mépris et une profonde conviction jusqu'à nos jours le dicton hérité de ses ancêtres :

L'eau passe, mais les pierres demeurent.

* *

LES PAYSANS.

Les paysans ou « les laboureurs libres ». L'essai d'asservir les paysans.
L'émancipation des tziganes. L'impropriation des paysans en 1868.

Jusqu'à la perte de la Bessarabie, le paysan moldave
gardait sa liberté individuelle ; il n'était pas esclave comme
en Russie, où le paysan pouvait être acheté, vendu, tor-
turé et tué selon le bon plaisir de son maître.

Le paysan roumain, le « teran » (dont l'origine remonte
au mot latin « terra », « terrenus », « terre », « terrain »),
formait dès les temps anciens la classe des « laboureurs
libres », ainsi que le disent les écrivains russes (Zasciuk,
Lascof, etc.) eux-mêmes.

Il travaillait la terre qui ne lui appartenait pas, mais
qu'il tenait à ferme des boyards.

Pour cela, il payait comme compensation aux boyards,
c'est-à-dire aux propriétaires, la dîme des produits de la
récolte et était obligé de travailler un certain nombre de
jours par an. A part cela, il était libre et pouvait faire ce
qu'il voulait.

Après l'annexion de la Bessarabie, le Gouvernement
russe a essayé en 1816 de mettre sur le même pied que
les serfs de Russie une partie des paysans roumains, no-
tamment la classe des artisans (garçons de fermes, gardes
forestiers, apiculteurs, pâtres, etc.).

« A ce sujet, quelques grands propriétaires bessarabiens
ont envoyé une pétition au Gouvernement russe[1] ».

1. ARBORE, *La Bessarabie*, p. 131.

Mais le Gouvernement russe, voyant que les paysans passaient par milliers le Pruth à la nouvelle de ce projet, l'abandonna complètement.

Un second essai pour asservir les paysans a été fait en 1819 par le Conseil suprême de la Province de Bessarabie.

Le projet du « Statut sur les rapports réciproques entre paysans et propriétaires », rédigé par ce Conseil, prescrivait entre autres « la défense absolue pour les paysans de passer d'un propriétaire à un autre, excepté au cas où la terre serait insuffisante »[1].

Mais ce projet ne fut pas approuvé par le Lieutenant plénipotentiaire Bahmetief et il n'est pas entré en vigueur[2].

Plus tard, le Gouvernement russe a essayé, par la loi du 24 janvier 1834, de déterminer les rapports entre les paysans et les propriétaires, obligeant les deux parties à conclure des contrats bénévoles. Mais les paysans évitaient ce contrat et beaucoup d'entre eux s'inscrivaient dans la classe des habitants de la ville[3].

« Alors le Gouvernement, dit M. Batiuscof, s'est vu obligé à rédiger le 27 mars 1846 *le contrat normal* par lequel ont été fixés et déterminés les droits des propriétaires, ainsi que les obligations des paysans établis sur leurs propriétés et le respect réciproque des intérêts[4]. »

Une année auparavant, par la loi du 21 septembre 1845, avaient été déterminés, ou plutôt confirmés, les anciens rapports entre les propriétaires des villes et petites villes et les habitants[5].

En 1863, les paysans furent délivrés de la contrainte par corps qui désormais ne pouvait être appliquée qu'en vertu d'une sentence judiciaire. Mais, en fait, cette pres-

1. Nacco, *Études*, p. 76.
2. *Ibidem*, pp. 76-77.
3. Zozulinof, p. 125.
4. *La Bessarabie*, p. 152.
5. Zozulinof, p. 125.

cription n'était pas respectée par l'Administration russe.

Le grand acte libérateur du 19 février 1861 n'a pas eu pour la Bessarabie, avec ses agriculteurs libres, la même importance que dans les provinces centrales de la Russie.

Cet acte a changé seulement l'état du petit nombre de tziganes qui étaient garçons de fermes chez les boyards bessarabiens et a mis fin à l'afflux des réfugiés russes qui venaient du centre de l'Empire et erraient en Bessarabie terrorisés par la crainte de l'esclavage qui régnait à cette époque dans leur région.

D'une bien plus grande importance fut pour le paysan de Bessarabie la loi du 14 juillet 1868 qui a transformé « l'agriculteur libre » de jusqu'alors en propriétaire de la terre sur laquelle il était établi et qu'il travaillait.

Cette grande réforme a été faite sans le consentement des grands propriétaires.

Dans les articles de la loi, les conditions de paiement de la terre étaient rédigées de telle façon qu'elles ont donné aux propriétaires la possibilité de commettre plusieurs abus.

« Les villages étaient remplis, dit M. Arbore, de gens que l'on torturait. Les pauvres paysans sans argent ne pouvaient pas faire face aux nouveaux engagements et pour leur extorquer de l'argent ou leur arracher le consentement du rachat bénévole..., on employait des voitures de verges[1] ».

Et ensuite les propriétaires, par différents moyens, ont extorqué aux paysans pour la terre expropriée des prix qui étaient trois fois et quatre fois plus forts que la loi de l'expropriation ne le permettait[2].

Malgré toutes ces oppressions, le paysan roumain est resté honnête et moral.

Voici, en effet, ce que dit le vice-gouverneur russe Vighel (1823) du paysan roumain de Bessarabie : « Au

1. ARBORE, *La Bessarabie*, p. 137.
2. *Ibidem*, p. 138.

milieu de l'esclavage les paysans ont gardé une pureté exceptionnelle de mœurs et n'ont jamais été attirés par les mauvais exemples; ils ne sont ni voleurs, ni ivrognes; la fidélité conjugale et la chasteté des jeunes filles sont des vertus habituelles et il n'y a pas d'exemples que le paysan ait vendu l'honnêteté de sa femme ou de sa fille[1]. »

1. Nacco, *Études*, p. 64.

CHAPITRE X

LA COLONISATION ET L'EXPATRIEMENT COMME MOYENS DE RUSSIFICATION. — LE RECRUTEMENT

Pour introduire « l'esprit russe » dans la masse des paysans roumains, c'est-à-dire pour les dénationaliser, le Gouvernement russe voyant qu'il ne pouvait pas atteindre son but par l'Église et l'École, eut recours au moyen le plus radical : *la colonisation*.

Au commencement, on fit venir seulement sur le territoire libre de la Bessarabie un grand nombre de colons allemands et bulgares, on leur accorda un grand nombre de privilèges, les dispensant pour longtemps de toutes sortes d'impôts et même en leur accordant diverses subventions pour l'installation de leurs ménages. Plus encore, le célèbre historien Nacco parlant de la colonisation de la Bessarabie par les Allemands, venus du duché de Varsovie, en 1814 et 1816, dit : « *Le matériel nécessaire à la construction des maisons des colons a été apporté de la forêt d'Orhei[1] par les habitants (roumains) de la Bessarabie, qui ont travaillé à la construction des maisons et ont entretenu à leurs propres frais les nouveaux colons[2].* »

« Mais la plupart des colons étaient composés de fugitifs russes qui voulaient échapper, les uns à l'esclavage du boyard, les autres au service militaire, d'autres à la peine à laquelle ils avaient été condamnés pour des crimes et d'autres enfin à la persécution religieuse[3]. »

---

1. D'une distance de 250 à 300 verstes.
2. *Études*, p. 24.
3. Zozulinof, p. 112.

Il faut noter que, selon ses vieilles lois et coutumes, la Moldavie était tolérante en matière religieuse. En Bessarabie aussi, avant que ces lois fussent abolies, tous ceux qui étaient poursuivis pour des raisons religieuses y trouvaient l'hospitalité et la tolérance[1].

La conséquence de la colonisation de la Bessarabie avec toutes sortes de vagabonds fut l'accroissement du nombre de vols et pillages et même la menace pour l'ordre public.

L'audace des brigands était arrivée à un tel point que la circulation des postes et diligences, ainsi que la communication avec les différentes villes, ne pouvaient se faire sans une escorte militaire[2].

Le Gouverneur de Bessarabie, Timcowsky, rapportait en 1827 à son chef, le Gouverneur général Palen d'Odessa, les faits suivants :

« *La province de Bessarabie est composée de deux catégories : des habitants Moldaves autochtones et des vagabonds, qui, à plusieurs reprises, se sont faufilés ici.... Tout ce qu'il y a de plus criminel en Russie se fourvoie ici dans l'espoir de pouvoir cacher la trace de ses crimes*[3]. »

C'est pour cette raison que le Gouverneur Feodorof, pour établir l'ordre et la tranquillité dans le pays, s'est vu obligé, tant qu'il est resté au pouvoir (1834-1854), d'expulser de Bessarabie en Russie environ 48 000 vagabonds[4].

C'est pour cette raison aussi que le Gouvernement russe a commencé à être plus prudent dans sa politique de colonisation de la Bessarabie.

*
* *

D'autre part, la domination russe, pour atteindre son but final, a entrepris en Bessarabie, parmi les paysans roumains, une très grande propagande pour la colonisation

---

1. Batiuscof, p. 103 et 146.
2. Nacco, *Études*, p. 110.
3. Nacco, *Études*, p. 110.
4. Batiuscof, p. 147; Zasciuk, I, p. 150.

des lieux non peuplés de Sibérie, du Caucáse, de la province de l'Amur, du Turkestan, etc., promettant aux volontaires 5o — 100 desetines (1 desetine — 1 1/10 hectares) à chaque famille gratuitement et en dehors de cela le voyage et les ustensiles agricoles aux frais de l'État.

Il s'est trouvé des personnes naïves qui, désirant ardemment avoir des terres, l'ont cru. Des centaines de familles des districts centraux de la Bessarabie se sont levées pour aller vers la « terre promise ». Elles ont vendu en hâte, pour un prix dérisoire : maisons, bétail, outils et le peu de terre qu'elles possédaient. Mais, hélas ! beaucoup d'entre elles, surtout les enfants et les femmes, ne sont pas arrivés à voir « l'Amur ».

Le voyage étant très long, un parcours de milliers de verstes, les malheureux voyageant des mois entiers, dans l'entassement des wagons à bestiaux, tombaient malades : les uns à cause du manque d'eau, les autres à cause de la faim, d'autres à cause des fièvres paludéennes ou d'autres maladies, d'autres à cause du froid ; sans médecins et sans soins, ils mouraient comme des mouches, maudissant les instigateurs qui les avaient poussés à quitter leur pays.

Du reste, ce système criminel de dénationalisation a été condamné à l'occasion même par les journalistes russes. Voici ce qu'écrivait l'écrivain russe comme Starostawsky dans la revue « *Vestnic Europi* » au mois de mars 1896 :

« Les Moldaves de Bessarabie *étaient leurés* à s'établir au bord de la mer Noire, dans le Caucase. Et quel privilège, quelles manœuvres n'a-t-on pas inventé pour faciliter le problème, mais..., les Moldaves élevés dans d'autres conditions, venus ici pour trouver une meilleure patrie, ont trouvé à la place du paradis promis la misère, les maladies et la mort ! *Une longue rangée de tombes le long des bords du Caucase*, voilà tout ce qui est resté de cette colonisation manquée ! »[1]

En Bessarabie existait une « banque paysanne » fondée

1. ARBORE, *La Bessarabie*, p. 16.

en 1885[1]. Son but le plus important était d'acheter les propriétés de boyards trop hypothéquées et d'en rendre propriétaire le paysan. Eh bien, une grande majorité de ces propriétés a été vendue, non pas aux associations moldaves, mais aux associations venues d'au delà du Dniester.

*
*

Parmi les moyens de russification, il y en avait encore un : l'*Armée*.

Depuis 1874, le Gouvernement russe commença à recruter des soldats aussi parmi les Bessarabiens.

Les malheureux jeunes gens roumains devaient faire leur service militaire, non pas en Bessarabie ou dans une province rapprochée, mais, selon le système russe qui trahit la mauvaise foi du pouvoir central, on les envoyait en Pologne, au Caucase, dans les provinces baltiques ou du centre, et même en Sibérie. Ils y restaient trois à quatre ans sans retourner chez eux ni voir personne des leurs dans cet intervalle de temps. Apprenant là-bas la discipline militaire et un peu de russe, on les nommait caporaux, sous-officiers et même feldfebels (dans l'infanterie) et vaguemestres (dans la cavalerie). Ils se sont distingués dans la guerre russo-japonaise de 1904-1905 par leurs capacités et leur intelligence et ils ont reçu des éloges même du général Kouropatkin. Mais le service militaire fini et la caserne quittée, nos soldats, à peine arrivés chez eux et remis à nouveau au travail des champs, avant même que leur capote militaire, seul souvenir de Russie, fût déchirée, oubliaient le russe.

Les soldats roumains par leur intelligence, leur zèle et leur obéissance, étaient généralement considérés dans l'armée russe comme un des meilleurs éléments. Surtout dans la cavalerie, ils passaient comme étant des meilleurs.

1. Lascof, Le Centenaire de la Bessarabie, p. 44.

L'élément russe qui était resté en Bessarabie n'a pu exercer la moindre influence sur l'esprit du paysan roumain en ce qui concerne sa russification. Au contraire, l'élément russe devenait roumain dans la seconde génération. C'est de là que provient le proverbe : « Le père est russe, la mère est russe, mais Jvan est moldave ».

CHAPITRE XI

LES « MAZILS »

De tous les propriétaires bessarabiens les plus réfractaires et les plus résistants ont été et sont encore les « Mazils » et les « Razesi ».

Les « Mazils » (mot turc) sont les descendants des anciens boyards qui ont été destitués de leurs fonctions. Ils constituent, d'après leur origine et leur tradition, la vraie noblesse moldave.

Ils héritent de leurs ancêtres des terres qui, bien que réduites en milliers de morceaux, leur assurent l'indépendance matérielle et par là aussi l'indépendance morale [1].

Les « Mazils » ont gardé depuis les temps anciens les privilèges et l'organisation de leurs classes (ils avaient leur capitaine), et les Russes, en annexant la Bessarabie en 1812, les leur ont confirmés par le Règlement de 1818 ainsi que par la loi du 10 mars 1847.

Ce sont les « Mazils » qui ont conservé les plus vieilles chrysobules des princes de Moldavie. Personne parmi les habitants des villages (nous ne parlons plus des habitants des villes) ne sait mieux qu'eux raconter les différentes légendes et les épisodes de la vie et les guerres des princes moldaves, surtout la vie et les exploits d'Étienne le Grand.

Ce sont eux, mieux que toute autre classe sociale, qui ont gardé la conscience nationale et l'orgueil national.

1. Zasciuk, pp. 191-192.

Le « Mazil » ne marie jamais les fils ni les filles avec des gens d'origine étrangère et surtout d'origine russe, considérant cela comme une humiliation de leur dignité nationale.

Lorsqu'en 1905-1906 les autorités russes locales ont voulu mépriser les droits de leur organisation, et ont essayé de les soumettre à l'organisation commune paysanne, les villages de « Mazils » des volostes (arrondissements) de Cornesti, Chiscareni et Telenesti, se sont soulevés comme un seul homme. La police locale et les gendarmes de la région n'ont pas été capables de rétablir l'ordre et ont été faits prisonniers.

Il a fallu alors que le Gouverneur Haruzin envoie un régiment de dragons et procède selon toutes les mesures stratégiques pour obtenir un résultat. Quoique les instigateurs et les chefs des « Mazils » aient été condamnés aux travaux forcés et déportés en Sibérie, après beaucoup de protestations et d'interventions, le droit des « Mazils » fut rétabli.

CHAPITRE XII

LES « RAZESI »

En ce qui concerne « les Razesi » ils sont les « descendants des grands propriétaires moldaves »[1].

Le nom de « Razesic » ne signifie pas, comme pour les « Mazils », une caste ou une corporation, car on y trouve des paysans, des nobles, des « Mazils » et des « Douhovniks » (prêtres). La « Razesie » est une forme ancienne de possession des terres en vertu de laquelle chaque « razes » est le propriétaire héréditaire de son morceau de terre seulement de fait, car de droit il est uniquement le co-propriétaire dans l'unité judiciaire « vieux ».

Les « Razesi » comme les « Mazils » ayant leurs terres léguées jadis à leurs ancêtres, par les princes de Moldavie, pour avoir servi dans les régiments qui défendaient la frontière de l'Est du pays, n'avaient pas été obligés comme les paysans de prendre à ferme les terres des boyards. Ils n'ont donc jamais fait de corvées.

Grâce à cette indépendance, les « Razesi » comme les « Mazils » ont gardé le sentiment de la dignité humaine et nationale malgré les temps précaires qu'ils ont dû traverser.

Les propriétés des « Razesi », au contraire, ont toujours été l'objet de beaucoup de discorde entre eux ainsi qu'une occasion de prétention souvent illégitime de la

1. CASSO, *La Russie au Danube*, p. 226.

part des boyards et des grands propriétaires voisins. Elles ont été l'origine de nombreux procès. Il n'y a presque pas de villages de « Razesi » où l'on n'entende des plaintes et des injures contre le boyard voisin qui leur a enlevé avec l'aide des « cosaques » tant de centaines de désetines du « vieux corps » de la propriété de « Razesi ».

On ne peut pas se représenter un « razes » sans une citation de la Justice de Paix ou du Tribunal, sans un amas de « documents de l'époque d'Etienne le Grand qu'il montrera à « Monsieur l'Avocat » ou à « Monsieur le Juge ».

C'est ainsi qu'on explique pourquoi aucune classe sociale ne sait mieux et plus à fond les lois agraires que les « Razesi ». C'est pour cela que la notion de droit et de justice s'est mieux que partout ailleurs développée chez les « Razesi ».

CHAPITRE XIII

LE CARACTÈRE DE L'ADMINISTRATION RUSSE

Pendant l'occupation russe 1806-1812 les principautés roumaines, la Moldavie (avec l'actuelle Bessarabie) et la Valachie ont été ruinées et entièrement ravagées par les armées russes.

Tous les écrivains contemporains : russes, roumains, turcs, français, allemands, anglais, etc., l'attestent. L'amiral russe Ciciagof passant par la Moldavie et la Valachie, au printemps de l'année 1812, a été « frappé du grand nombre de villages déserts »[1]; le feld-maréchal Prozorovsky dit aussi que « la Bessarabie a été transformée par les armées russes dans une steppe complète[2]. »

L'anglais Walsch, qui a visité en 1821 la principauté de Moldavie et de Valachie, écrit : « en sortant des faubourgs de Bucarest, nous trouvâmes plusieurs grands édifices en ruines paraissant avoir été dévastés récemment. Je pensais que ces ravages avaient été causés par les Turcs, mais j'appris au contraire qu'ils étaient l'ouvrage des Russes en 1806[3]. »

Le Consul français de Bucarest rapporta, le 1er octobre 1811 à son Gouvernement, les faits suivants :

« Le grand Visir a bien accueilli ceux qui se sont enfuis des provinces à droite du Danube occupées par les Russes. Les Russes ont dévasté avec une rare barbarie les pays qu'ils ont occupés militairement de l'autre côté du fleuve.

1. *Mémoire de l'Amiral Tchitchagof*, éd. Lahovary, p. 381.
2. *Les ouvrages de la Commission archivale*, vol. I. p. 333.
3. *Voyage en Turquie*, traduction Vilmain, 1828, p. 184; Casso, p. 127.

Ils n'ont pas laissé une seule cabane debout, tout a été incendié »[1].

Dans les bandes de pillards, de débauchés, qui traitaient avec mépris la population roumaine, se trouvait le chef suprême même de l'armée russe du Danube, le vieux général Coutouzoff, âgé de 70 ans, qui était entouré d'un harem de filles débauchées et de toutes sortes d'aventurières et escrocs[2].

Lorsque les pillages de l'armée russe sont arrivés à leur comble et que la délégation des boyards valaques a adressé une plainte au général, exprimant leur crainte que « bientôt il ne reste plus rien », Coutouzoff a répondu : « *Je vous laisse les yeux pour pleurer*[3]. »

Jamais cette réponse ne sera oubliée par le peuple roumain.

Pour se refaire, après sa dévastation qui dura pendant six ans, la pauvre Moldavie d'au delà du Prouth, c'est-à-dire la « Bessarabie », annexée par le traité de Bucarest du 16 mai 1812, avait besoin d'une administration honnête et capable.

Mais aussitôt après la retraite de l'armée russe des principautés, la Bessarabie a été envahie par toutes sortes de « tchinovniks » (fonctionnaires russes) qui, jusqu'alors, composaient l'administration civile auprès du susdit chef suprême de l'armée russe[4].

Malheureusement, le premier gouverneur de la Bessarabie, S. Sturza, sous l'administration duquel ses fonctionnaires se sentaient un peu gênés, n'est resté qu'un an au pouvoir (1812-1813).

Avec l'arrivée du gouverneur Harting à sa place, l'orgie de ces fonctionnaires a recommencé de plus belle. Ignorant la langue, les lois et les coutumes du pays, ils ne

---

1. Hurmusaki, *supplément* III, p. 630.
2. Langeron, *Journal de campagne*, p. 327-390 ; Joseph de Maistre, *Œuvres*, vol. XII, p. 136 ; Casso, p. 89-90.
3. Tchitchagof, *Mémoires*, p. 360 ; Xénopol, *L'époque de Fanariotes*, p. 405.
4. Nacco, *Études*, p. 3.

pouvaient pas, bien entendu, jouer un rôle important dans la hiérarchie administrative de la Bessarabie, ni exercer beaucoup d'autorité à l'égard des fonctionnaires indigènes.

Pour cette raison, ces tchinovniks ont commencé une campagne terrible contre tout ce qui était moldave, rapportant à leur chef que les Moldaves n'avaient jamais eu leurs lois spéciales, que leurs coutumes ne sont pas écrites et sont contradictoires, que ce sont des incapables et des ennemis de la Russie et que, par conséquent, il fallait introduire en Bessarabie les lois et l'organisation russes[1].

A la tête de ces intrigants se trouvaient, entre autres, le renégat *Mattei Croupensky*, le vice-gouverneur de la Bessarabie, de 1816 à 1823, et l'ancien chef de Cabinet de Cusnicof et Crasno-Milasevici, qui avaient présidé « les Divans » de Jassy et de Bucarest pendant l'occupation militaire de 1806 à 1812, — *Somoff*, etc.

Ce Somoff était devenu chef du Cabinet du Gouverneur Harting[2]; ce dernier a accueilli avec sympathie la propagande des fonctionnaires russes et a même présenté en 1814 aux ministres de Petersbourg un projet de loi concernant le Gouvernement de la Bessarabie, composé par ledit Somoff, d'après le modèle de gouvernement des autres provinces russes du Centre[3].

Mais les patriotes moldaves avertis à temps de ce qui se préparait ont fait une longue protestation contre Harting, et prouvant la calomnie et le non-fondé des dénonciations faites par la bande des fonctionnaires russes, et ensuite grâce à l'intervention du métropolite Gavril Banulescu-Bodoni qui était un bon roumain, on ne donna aucune suite au projet du Gouverneur Harting[4].

Plus encore, le Ministère des Affaires étrangères a délégué le fonctionnaire Sviniin en Bessarabie pour qu'il exa-

1. ZOZULINOF, p. 115-119.
2. NACCO, *Études*, p. 19.
3. *Idem*, p. 19.
4. *Idem*, p. 20; STADNITZKY, Gavril BANULESCU-BODONI, pp. 279-288.

minât les lois moldaves et l'état général de la Province. La
calomnie des administrateurs russes fut mise en lumière.
Harting fut destitué, et, le 29 avril 1818, le Tzar Alexandre I⁰ʳ signa « le Règlement de la Bessarabie » (loi fondamentale de l'organisation de cette province sur les
principes des droits moldaves[1].)

Le Tzar Alexandre I⁰ʳ lui-même a reconnu les défauts
de l'Administration russe quand il écrivait à Bahmetief,
le nouveau Lieutenant Plénipotentiaire de Bessarabie :
« avec le changement en Bessarabie du premier Gouverneur (Sturza) ont paru tous les défauts de la mauvaise
administration » (lettre du 21 mai 1816).

Mais sous Bahmetief non plus l'Administration russe
ne s'est pas améliorée. Les abus, les pillages, la corruption continuaient comme avant et c'était naturel car, le
chef de Chancellerie de Bahmetief, Crinitzki, avait lui-
même « la main longue ».

Le célèbre Secrétaire d'État Capodistria écrivait à
Bahmedief : « vous avez auprès de vous un Polonais, chef
de Chancellerie, qui n'est pas en odeur de sainteté[2] ».

En 1816, le célèbre Kisseleff rapportait à l'empereur,
entre autres, les faits suivants :

« Les Préfets de Bessarabie sont obligés d'être de plus
grands voleurs que les autres parce qu'ils sont obligés de
dépenser pour leur nomination entre vingt mille et
trente mille roubles ».

Bahmetief lui-même n'était pas très saint. « Un homme
aussi faible que Bahmetief était devenu presque criminel,
complice de sa femme et de tous ces polonais, grecs,
arméniens et juifs dont il a peuplé la ville et les tribunaux
de son Gouvernement », écrivait Longhinof à Vorontzof
en 1823[4].

---

1. CASSO, p. 211 ; STADNITZKY, p. 288-289.
2. CASSO, p. 215.
3. *Idem*, p. 212.
4. *Idem*, p. 220.

Bahmetief a été même traduit en justice pour un délit de droit commun, mais le Sénat l'a acquitté[1].

La corruption était entrée dans les mœurs des fonctionnaires russes à tel point que « le Préfet qui ne gagnait pas cent mille lei par an était considéré comme inapte »[2].

Le Tribunal de l'époque était bondé de dossiers de procès contre les « tchinovniks » russes[3].

Que faut-il encore dire si le Vice-Gouverneur Matvei G. Crupensky, nommé dans cette fonction « pour le dévouement et les longs services rendus au Gouvernement russe, déjà depuis l'occupation de principautés »[4], a été destitué de sa fonction en 1823 pour avoir dilapidé quatre millions lei argent public qui lui avait été confié[5].

Si telle était l'administration russe sous le règne d'Alexandre Ier, qui était pour son temps un grand libéral et qui, en effet, désirait « que la population de Bessarabie soit heureuse avec le changement de la domination turque en domination russe », qui désirait que la bonne organisation de la Bessarabie attire l'émigration du peuple chrétien sujet de la Turquie[6], que faut-il dire encore de cette administration à l'époque du Tzar Nicolas Ier, qui a enlevé à la Bessarabie (1828) tous les privilèges accordés par son prédécesseur et à l'époque des autres empereurs qui lui succédèrent? Batiuscof, le fameux historien de la Bessarabie, est forcé de reconnaître que le régime turc était plus juste et moins dur. Il cite l'écrivain polonais Starovolsky qui dit : « Chez nous, en Pologne, on écrit beaucoup sur l'esclavage turc, mais cela touche seulement les prisonniers militaires et pas du tout ceux qui, sous la domination turque, s'occupent du commerce et de l'agriculture. Ceux-ci,

1. Casso, p. 220.
2. Nacco, p. 95.
3. Nacco, p. 88-90 ; 93, 103, 109.
4. Nacco. p. 88-90 ; *Ouvrages de la Commission archivale*, I, p. 372-373 ; II, p. 116-405 ; Zozulinof, p. 121.
5. Nacco, p. 89-90.
6. Casso, p. 196-197 ; Stadnitzky, p. 289-290.

après avoir payé la contribution annuelle, sont libres comme aucun de nos « schleahtici » (nobles) ne le sont. En Turquie, pas même un pacha ne peut faire au dernier paysan ce qu'on peut lui faire dans nos villages »[1].

Le savant russe Casso affirme aussi que les Turcs « ne se mêlaient jamais des affaires intérieures des principautés »[2].

Pour démontrer que l'état dans lequel était tombée la Bessarabie était pire que sous la domination turque, nous allons encore citer l'écrivain russe Storojenko qui écrivait en 1829 : « quand en 1906 nos armées ont occupé la Bessarabie, cette province était dans un état plus florissant »[3].

Mihailovsky-Danilewsky confirme la même chose[4].

Dans la Bucovine roumaine, prise par les Autrichiens en 1775, l'état général du pays était bien meilleur que celui de la Bessarabie sous les Russes.

Dans la lettre envoyée par Kisselieff le 11 Juin 1833 au Gouverneur Général d'Odessa, Vorontzof, nous trouvons le passage suivant :

« Dans la Bucovine autrichienne, les propriétaires roumains paient 30 pour 100 d'impôts, mais ils vantent beaucoup l'ordre et l'honnêteté de l'Administration. Vous avez été mal servi par les Gouverneurs (Russes) qui se sont succédé à Kichinev, ainsi que par ces fonctionnaires qui sont la lie de la Russie »[5].

N'importe qui comprendra facilement, après ce que nous venons de dire, le proverbe créé par le trop patient paysan roumain :

> Plutôt sous le Turc païen
> Que sous le Moscovite chrétien.

1. Batiuscof, p. 98.
2. *La Russie au Danube*, p. 29.
3. Casso, p. 221.
4. Casso, p. 221.
5. Casso, p. 224.

TABLE DES MATIÈRES

83 358. — Imprimerie Lahure, 9, rue de Fleurus, 9, à Paris.

www.ingramcontent.com/pod-product-compliance
Lightning Source LLC
Chambersburg PA
CBHW051125050726
47594CB00003B/960